LE CARDINAL
de Brogny

ET SA PARENTÉ

D'APRÈS DES DOCUMENTS INÉDITS

PAR

M. l'abbé J.-F. GONTHIER

ANNECY
IMPRIMERIE J. NIÉRAT
7, RUE ROYALE, 7

1889

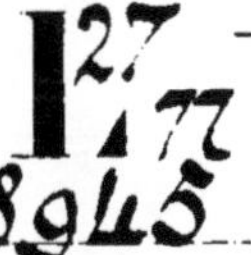

LE

CARDINAL DE BROGNY

ET SA PARENTÉ

D'APRÈS DES DOCUMENTS INÉDITS

PAR

M. l'abbé J.-F. GONTHIER

ANNECY
ANCIENNE IMPRIMERIE BURDET
J. NIÉRAT, SUCCESSEUR
7, RUE ROYALE, 7

1889

AVANT-PROPOS

Un des plus célèbres et des plus sympathiques personnages de l'Eglise dans les siècles modernes, c'est incontestablement le cardinal de Brogny. Le rôle important qu'il joua pendant le *Grand Schisme*, sa fortune immense, le noble emploi qu'il en sut faire, les établissements religieux et le collège d'Avignon qu'il a fondés, les légendes mêmes créées autour de son nom, tout a contribué à le rendre populaire.

Et pourtant il n'en est guère de moins connu. Demandez à nos historiens son nom, la condition de sa famille, le lieu de sa naissance, le nom de cet élève qui fut la cause principale de son élévation ; sur tout cela et sur maint autre détail de sa vie, ils vous donneront des réponses contradictoires.

Ayant eu la bonne fortune de trouver dans les registres de l'Evèché d'Annecy des notes précieuses sur la parenté de notre cardinal, nous avons été conduit à examiner avec une attention nouvelle les documents publiés sur lui jusqu'à ce jour. Cet examen nous a prouvé que nos auteurs, même les plus sérieux, tels que Besson, s'étaient souvent fourvoyés ; et, sans avoir la prétention de résoudre d'une manière définitive tous les problèmes posés jusqu'ici, nous avons du moins la conviction de jeter *un peu plus de lumière* sur cette noble et belle figure de notre Savoie.

J.-F. GONTHIER.

LE CARDINAL DE BROGNY

I

Lieu de naissance du Cardinal.
Son nom, sa famille.

Le voyageur sortant d'Annecy par la magnifique avenue de Genève, traverse d'abord la ravissante plaine des *Fins ;* puis, laissant à droite le hameau du *Petit-Brogny,* coquettement assis au pied d'une colline couverte de vignobles sous laquelle la locomotive passe en sifflant, il rencontre, au bout de trois à quatre cents pas, la rivière du Fier qu'il traverse sur un pont de cinq arches d'un aspect magistral.

De ce pont, bâti en 1848, il aperçoit à gauche, en contre-bas, un vieux pont abandonné, mais solide encore ; à droite, le hardi viaduc du chemin de fer ; devant lui, des maisons bâties sur le bord même du fleuve et dont les toits arrivent à peine à sa hauteur, et d'autres plus récentes servant d'auberges. Ces maisons forment le hameau de Brogny ou du Grand-Brogny, qui ressort à la paroisse de Pringy, et au centre duquel s'élevait autrefois une léproserie soit maladière que notre cardinal avait dotée d'une chapelle en l'honneur de sainte Madeleine. — S'il continue sa route à gauche, il apercevra bientôt le village de Metz, autrefois paroissial, aujourd'hui dépendant au spirituel de l'église d'Epagny.

Maintenant que nous connaissons les lieux dont il sera souvent fait mention dans cette étude, nous allons retourner sur nos pas jusqu'au Petit-Brogny, qui est un hameau d'Annecy-le-Vieux. C'est là, dans une maison d'assez belle apparence (1)

(1) M. Eloi Serand, sous-archiviste d'Annecy, en possède une gravure. — Cette maison, suivant la tradition locale, occupait l'emplacement sur lequel s'élève aujourd'hui la chaumine d'Antoine Julliard, à l'extrémité occidentale du hameau.

aujourd'hui détruite, que naquit, vers 1342, l'enfant qui devait à jamais illustrer ce petit coin de terre.

Au baptême, on lui donna le prénom de Jean. Il eut pour père, suivant Besson, honorable Jean Fraczon, surnommé Alarmet ou Mermet et bourgeois d'Annecy (2).

(2) Parmi les nombreux auteurs qui ont parlé de notre cardinal, les uns prétendent qu'il appartenait à la noble famille d'Allonzier ou d'Alouzier. (Moreri, etc.) — D'autres l'appellent Armet, Alermer, Alarmet ou d'Alarmet. (Fodéré, Machet, Jules Philippe, etc.) — D'autres le nomment Brognier, de Brogny, de Brogniac ou d'Embrogniat. (Spon, Galiffe et la plupart des auteurs français.) — Enfin, le grave historien Besson, suivi par Grillet, M. Ducis, etc., nous affirme que son père était *honorable Jean Fraczon, bourgeois d'Annecy*. (Besson, p. 122.)

Ces détails précis, Besson ne les a certes point inventés; il a dû les trouver dans un des nombreux documents qu'il dit avoir lus sur notre cardinal. (Voir sa correspondance avec Baulacre dans la *Revue savoisienne*, août 1883.)

On sait du reste qu'Annecy-le-Vieux possédait, à cette époque, une famille de Fraczon. Dans un rouleau de reconnaissances passées, l'an 1384, en faveur de la cure d'Annecy-le-Vieux (arch. de la mairie d'Annecy), je trouve un Mermet Fraczon, mentionné comme possédant un bois aux Combes, sur les bords du Fier. Ce mot Mermet, écrit en abrégé avec un signe sur l'*m* initial, peut facilement être pris pour Alarmet, or il y avait des Mermet dans le voisinage.

Le père du futur cardinal était *bourgeois d'Annecy ;* il est qualifié d'*honorable.* Bien plus, il est appelé par d'autres, comme nous le verrons tout à l'heure, *honestissimus,* très honnête, ce qui veut dire, dans le langage de l'époque, très noble, très distingué. — Ce n'était donc point un serf attaché à la glèbe, ni un simple manant taillable et corvéable à merci ; ce n'était point un paysan vulgaire et besoigneux. Il n'appartenait pas non plus, comme l'insinue Galiffe, à la haute noblesse du pays. Mais il était un bon propriétaire, respecté et considéré dans la région. Il possédait une chapelle dans l'église paroissiale d'Annecy-le-Vieux (voir le codicille du cardinal, son fils, 1425) et s'il n'était pas noble, nous croyons du moins que sa famille était alliée à la petite noblesse des environs. La qualification d'*honorable* qui lui est donnée, celle d'*honestissimus,* les nobles alliances contractées par ses filles, tout concourt à le prouver (1).

(1) Voir ci-après les alliances dans le document n° 1.

Issu d'une famille honorable, le jeune Fraczon a pu, dans son enfance, s'amuser parfois à garder dans le verger voisin les troupeaux de son père. Toutefois, c'est aller, selon nous, contre toute probabilité et toute vraisemblance que d'en faire un habituel, un vulgaire gardien de pourceaux.

On nous objectera sans doute les sculptures existant soit à Genève sur la façade principale de la chapelle des Machabées, soit dans le temple de Jussy-l'Evêque où le cardinal s'est fait, dit-on, représenter lui-même se livrant à ces fonctions obscures.

Mais le jeune garçon qui, sur le frontispice de la chapelle des Machabées, est représenté nu-pieds, gardant des pourceaux sous un chêne, est-ce bien Jean Fraczon, le futur cardinal ? N'est-ce point tout simplement l'*enfant prodigue* de l'Evangile, dont peintres et sculpteurs aimaient à reproduire l'histoire ? Ne serait-ce point même cette sulpture qui a donné lieu à la légende (1) ?

(1) Vers 1832, la ville de Chambéry, voulant témoigner sa reconnaissance envers le général de Boigne pour les

Le cardinal de Brogny qui aimait tant, nous dit-on, à rappeler la bassesse de son origine, n'y fait allusion ni dans son testament, ni dans ses codicilles, ni dans la lettre si bienveillante par laquelle il annonce aux syndics de Genève sa nomination à l'évêché de cette ville, nulle part en un mot. Même silence chez son panégyriste et chez ses contemporains.

L'orateur chargé de prononcer l'oraison funèbre du cardinal, n'aurait certes pas manqué, si elle eût été réelle, de nous dire la bassesse de son extraction, de nous montrer la main de Dieu le *prenant sur*

immenses bienfaits dont il l'avait comblée, fit élever, sur une de ses places, un monument où le général est représenté tenant d'une main un parchemin roulé, symbole de ses donations, et, de l'autre, une épée. Des badauds demandaient un jour ce que le général tenait à ses mains. — Ne le voyez-vous pas ? répond un farceur. C'est un balai et un racloir de ramoneur. Dès ce jour-là, tous les conscrits qui traversaient Chambéry racontaient, de la meilleure foi du monde, qu'ils avaient vu le racloir et le balai. La légende du général de Boigne, ramoneur dans son enfance, fit le tour de la Savoie, et sans des discussions récentes, des recherches sérieuses, la légende aurait pris pied et serait peut-être devenue de l'histoire.

le fumier pour en faire un prince de son Eglise et de faire ainsi mieux ressortir les talents et les vertus du défunt. — Or il semble, au contraire, s'étudier à montrer que son héros, en se vouant au service des autels, a fait preuve d'un grand esprit d'abnégation. Il a quitté, nous dit-il, tous les plaisirs du siècle, des parents distingués, un pays très agréable : *postpositis omnium voluptatum illecebris, honestissimos parentes relinquens..., patriamque jocundissimam* (1).

(1) Si l'orateur avait voulu parler de qualités morales, il nous aurait dit que le jeune homme quitta des parents très bons, très aimants, très vertueux, *optimos, amantissimos, eximiæ virtutis*, ou très aimés, *dilectissimos, carissimos*. Le mot très *honnêtes* serait au moins drôle s'il ne désignait la condition sociale.

On peut voir le texte de cette Oraison funèbre ci-après, document n° 2. Nous la reproduisons d'après Besson.

II

Jean de Brogny étudiant à Genève, puis à Avignon; vicaire-général; précepteur d'Amédée de Genève, évêque de Viviers, enfin cardinal.

Le jeune Fraczon ne demeura pas longtemps dans la maison paternelle : il la quitta bientôt pour aller à la recherche de la science. — Si l'on en croit une tradition assez répandue, le petit Jean s'amusait un jour aux abords de son village, lorsque deux religieux de Plainpalais venant à passer (2), aperçurent cet enfant, lui adres-

(2) Spon attribue ce fait à un cardinal, Besson n'en parle point et n'y croit point.

sèrent la parole et, frappés à la fois par sa physionomie intelligente et par ses réponses, ils allèrent trouver son père et obtinrent de le conduire avec eux à Genève (1).

Jean apprit, à l'école des Dominicains de Plainpalais, la grammaire, les lettres et la philosophie. Il se rendit ensuite à l'Université d'Avignon pour étudier la jurisprudence. Il s'appliqua avec tant de zèle qu'il obtint le grade de docteur, surpassa tous ses condisciples, devint si fort dans la science du droit qu'on le consultait de toutes parts sur les difficultés les plus épi-

(1) On a raconté que passant à Genève il entra chez un cordonnier de la rue de la Taconnerie pour y acheter des souliers. Comme il n'avait pas assez d'argent pour payer, le cordonnier lui dit : « Allez, mon ami, vous me les payerez quand vous serez cardinal. — Devenu cardinal, Jean se ressouvint de cet homme et le nomma son maître d'hôtel. (Lenfant, Spon, etc.)

En preuve de ce fait, on montrait des *sabots* que le cardinal avait fait sculpter autour de la grande fenêtre de la chapelle des Machabées. — Par malheur pour la légende, un architecte genevois a voulu voir de près ces prétendus sabots, et il a trouvé que c'étaient « de belles feuilles pliées, parfaitement conservées. » M. D. G. VIII. 18.

neuses et que l'archevêque de Vienne nomma le jeune docteur son vicaire général dans la ville de Romans. (Oraison fun.)

Bientôt l'antipape Clément VII, de la maison de Genève, qui avait fixé son siège à Avignon, ayant appris, par la renommée, les talents et les vertus du docteur savoyard, le fit venir à sa cour et lui confia l'éducation de son neveu ou plutôt de son cousin Amédée. Sous la direction d'un pareil maître, Amédée fit de rapides progrès dans les sciences ; il fut jugé digne, malgré son jeune âge, de recevoir la pourpre et prit le nom de cardinal de Saluces (1).

Clément VII récompensa Fraczon en lui donnant l'évêché de Viviers et la charge

(1) Amédée était, d'après le *Regeste Genevois*, fils d'Hugues de Genève, seigneur d'Anthon. Guichenon et le *Dictionnaire des Cardinaux* édité par Migne, le disent fils de Frédéric de Saluces et de Marguerite de Genève. — Nommé en 1383, évêque de Die et de Valence et cardinal du titre de Sainte-Marie-la-Neuve, il assista, en 1409, au Concile de Pise où il remplit les fonctions de camérier, puis à celui de Constance. Il obtint douze voix pour la papauté dans le conclave qui élut Martin V. Il mourut le 28 juin 1419 et fut inhumé dans l'église Saint-Jean, à Lyon.

de camérier (1383). Enfin, peu de temps après, ne voulant pas que l'élève fût au-dessus du maître, il créa ce dernier cardinal du titre de Sainte-Anastasie (12 juillet 1385) et lui confia la charge importante de grand pénitencier : « *eumdem in magistrum et præceptorem nepotis sui constituit ; eodemque postmodum in cardinalem Salutiarum nuncupatum creato, ipsum ecclesiæ Vivariensi in episcopum præfecit ac in ejus cubicularium assumpsit. Deinde... eumdem* NEPOTI ADÆQUANS *in cardinalem scilicet sub titulo sanctæ Anastasiæ creavit, etc...* » (Oraison funèbre.)

Notre cardinal prit alors pour armes : d'azur à une croix double de gueules qui est à enquérir et à la bordure d'or (Besson), avec cette devise : *Christe crucem cruentasti.* — Ces armes sont les mêmes que celles de la famille d'Alouzier.

On aurait tort, ce nous semble, de reprocher à Jean Fraczon d'avoir accepté les faveurs d'un antipape. En voyant tout le

Sacré-Collège se séparer d'Urbain VI et le déclarer illégitimement élu, comment aurait-il pu connaître exactement la vérité ? Ne pouvait-il pas s'attacher au parti de Clément VII, avec la même bonne foi que les Vincent Ferrier, les Pierre de Luxembourg, les Colette et tant d'autres saints personnages ?

III

Rôle important joué par le cardinal de Brogny pendant le Grand Schisme.

A la mort de Clément VII — le *Pape d'Avignon* (1394) — ses cardinaux auraient pu mettre fin au schisme en s'unissant au Pape de Rome, Boniface IX. Mais, par une aberration étrange, ils résolurent de donner un successeur à Robert de Genève.

Ils entrèrent en conclave et jurèrent la main sur l'Evangile, de travailler de tout leur pouvoir à *détruire le schisme*, à rétablir l'unité ; et chacun d'eux s'engagea sous la foi du même serment à s'imposer dans ce but tous les sacrifices, même celui de la papauté, si les suffrages de ses collègues l'appelaient à ce suprême honneur. — Cela fait, ils portèrent leurs voix sur Pierre de Lune, qui prit le nom de Benoît XIII (28 septembre 1394), et qui, oubliant bientôt ses serments, se cramponna avec la dernière opiniâtreté à la dignité papale.

Pour s'attacher les cardinaux qui l'entouraient, Benoît XIII les combla d'honneurs et de bénéfices. Il donna à Jean Fraczon les revenus du prieuré de Talloires, l'évêché d'Ostie et de Velletri et le créa vice-chancelier de l'Eglise (1398).

Celui-ci, nous devons le dire à sa louange, ne se laissa point gagner par ces faveurs. Il ne cessa pendant de longues années de solliciter Benoît de convoquer un concile ou de renoncer au pontificat pour la paix de l'Eglise. A la fin, le voyant inflexible, il décida de l'abandonner.

De concert avec neuf de ses collègues, parmi lesquels son ancien élève, A. de Saluces, il s'en alla, au printemps de 1409, rejoindre à Pise un certain nombre de cardinaux de l'autre obédience. Tous, réunis en une espèce de concile œcuménique (1), ils portèrent contre les deux papes compétiteurs

(1) J. de Brogny avança de grosses sommes pour la tenue de cette assemblée.

une sentence de déposition et nommèrent un nouveau Pape, dans la personne de Pierre de Candie, qui prit le nom d'Alexandre V (15 juin 1409), et qui vit la majeure partie du monde chrétien se ranger à son parti.

Alexandre V étant mort bientôt après, non toutefois sans avoir confirmé au cardinal de Brogny, dit de Viviers (1), la collation de l'évêché d'Ostie et les fonctions de vice-chancelier, les cardinaux qui l'avaient élu lui donnèrent pour successeur Balthasar Cossa, lequel prit le nom de Jean XXIII.

Le nouveau pontife, encore simple diacre, reçut des mains du cardinal d'Ostie, les ordres de la prêtrise et de l'épiscopat (24 et 25 mai 1410); en retour, il lui conféra la dignité d'archevêque d'Arles (24 novembre 1410).

(1) Jean de Brogny, devenu cardinal d'Ostie, ne fut connu jusqu'à sa mort que sous le nom de cardinal de Viviers ou du Vivarais, *cardinalis Ostiensis ac sanctæ Anastasiæ, vivariensis vulgariter nuncupatus*. C'est ainsi qu'il est désigné dans son propre testament et dans ceux de Pierre de Genève, d'Humbert de Villars; c'est ainsi qu'il signe au concile de Pise, etc.

En prenant possession (1) de cette église, le cardinal trouva biens et revenus usurpés par les principaux seigneurs du pays. Il ne s'effraya ni du nombre ni du crédit des usurpateurs et il obtint une bulle d'excommunication pour les contraindre à se dessaisir. Il intenta même à Louis, roi de Naples et comte de Provence, au sujet des salines des Saintes-Maries, un procès dont il sortit victorieux.

Mais ce qui l'occupa plus encore, l'œuvre à laquelle il sacrifia son temps et sa fortune, ce fut la destruction du schisme. L'élection d'Alexandre V, puis de Jean XXIII, loin de terminer la division, n'avait fait que l'accroître : Au lieu de deux papes, il y en avait trois. — L'Europe entière réclamait un Concile général qui pût faire paraître devant lui les trois compétiteurs, examiner leurs titres et les déposer au besoin. Jean de Brogny pressa Jean XXIII, lui offrit de grandes sommes et finit par obtenir

(1) Il prit possession par Pierre Fabri, doyen de Gap, qui devait être son parent et il choisit pour vicaire-général, son neveu, Hugues de Tessy, évêque de Vaison.

le décret de convocation d'un Concile dans la ville de Constance, pour le 1er novembre 1414. — Chargé lui-même par le Pape d'aller à Constance préparer les voies, notre cardinal arriva dans cette ville dans le courant du mois d'août.

Le Concile s'ouvrit le 16 de novembre. Dès la première session, les Pères se montrèrent déterminés à mettre fin au schisme sans tenir aucun compte des trois prétendants. Aussi, soit peut-être par attachement au Pape de son choix, soit pour cause de maladie, Jean de Brogny n'assista point aux séances suivantes. Mais il parut dans la sixième qui se tint le 17 avril 1415. Ce fut même lui qui, depuis ce jour jusqu'à l'élection de Martin V (11 nov. 1417), présida le Concile en sa qualité de doyen du Sacré-Collège.

Là ne se borna point son rôle. Il fut un des prélats chargés de ramener à l'orthodoxie le fameux hérésiarque Jean Huss et de lui proposer une formule de rétractation aussi mitigée que possible. Il le visita mainte fois dans sa prison, lui témoignant beaucoup de bonté et de mansuétude ; mais il ne put gagner son cœur. Le voyant obstiné, il revint encore à la charge en lui écrivant une lettre pleine de tendresse : « Frère bien-aimé, lui disait-il, ce sont vos ancêtres et les nôtres qui vous condamnent. Faites attention à cette parole : *Ne vous appuyez pas sur votre propre prudence.* Il y a au sein du Concile des hommes distingués par leur science et leurs vertus, rendez-vous à leurs conseils ; ne croyez pas devenir parjure par une rétractation. Augustin, Origène, le *Maître des sentences,* ont erré et ils l'ont reconnu avec joie. Pour moi, plus d'une fois j'ai cru avoir bien compris certaines questions et je m'étais trompé. Ayant été repris, je suis revenu de mon premier jugement avec allégresse... » — L'hérésiarque demeura sourd à ces accents paternels et fut livré au bras séculier.

Le cardinal fut plus heureux dans ses efforts pour terminer le schisme. Il prononça publiquement, au nom du Concile, la déposition de Jean XXIII (29 mai 1415), et celle de Benoît XIII (26 juillet 1417), reçut la démission de Grégoire XII, et présida lui-même le conclave qui devait nommer le nouveau Pape. Au premier tour de scrutin, ce fut lui qui obtint le plus grand nombre de suffrages ; après lui venaient Othon Colonna, Amédée de Saluces, le cardinal de Venise et l'évêque de Genève. Dans les votes suivants, le cardinal Colonna l'emporta ; le 11 novembre, il finit par réunir toutes les voix et prit le nom de Martin V. — Le cardinal de Brogny conféra au nouveau pontife l'ordre de la prêtrise et celui de l'épiscopat (13 et 14 nov.) ; le jour du sacre, ce fut encore lui qui célébra la messe. Depuis ce jour, il accompagna constamment le Pape, le suivit à Genève, puis à Rome où il continua de remplir les fonctions de chancelier (1).

(1) Certains auteurs disent qu'il fut nommé chancelier, d'autres disent même : archichancelier ; c'est une erreur. Dans son testament, comme dans son Oraison funèbre, il est appelé simplement : *vice-cancellarius*. Du reste, il n'y a pas de chancelier de l'Eglise romaine, par respect, dit-on, pour saint Marc, qui aurait rempli cette fonction auprès de saint Pierre et parce que le Pape en personne est le chancelier du Christ (Darras, XXXII, page 136). Mais s'il ne portait pas le nom de chancelier, il en remplissait les fonctions.

IV

Dernières œuvres du cardinal ; ses dispositions testamentaires ; sa mort.

Sur ces entrefaites, l'évêque de Genève, Jean de Courtecuisse, étant mort, les chanoines s'assemblèrent pour lui donner un successeur. La plupart votèrent pour leur collègue Guy d'Alby ou de Cluses, docteur en droit, qui se qualifia dès lors *d'évêque élu* (12 mars). La minorité, qui avait donné ses suffrages à Louis Allamand, évêque de Maguelonne, éleva des protestations contre l'élection de son concurrent. L'affaire portée à Rome traîna en longueur. Le 25 août, rien n'étant encore terminé, le Chapitre, malgré l'opposition du chantre Amédée d'Arenthon, de Guillaume d'Arenthon, de P. de Lornay et de J. de Lentenay, décida d'envoyer au pape les chanoines Louis Paris et Rod. de la Porte pour obtenir la confirmation de son choix.

Martin V, ayant soumis l'affaire à un jurisconsulte habile, annula sur son préavis l'élection de Guy de Cluses, écarta la postulation d'Allamand qu'il nomma archevêque d'Arles et transféra l'archevêque d'Arles, Jean de Brogny, sur le siège de Genève avec le titre d'administrateur (3 décembre 1423).

Jean de Brogny, qui désirait mourir dans son pays natal, accepta cet échange avec joie. A peine eut-il reçu sa bulle de nomination (3 décembre 1423), qu'il en écrivit aux syndics de Genève et qu'il chargea son neveu, François, abbé de Saint-Claude, Rod. Rollard, sacristain de Carpentras, J. de Vinzel, J. de Lentenay, F. de Charansonay, prieur de Lémenc, Am. de Charansonay, prieur de Sillingy et Jean Dubois, chanoine du Puy, d'administrer pour lui au temporel et au spirituel (8 décembre).

A Genève, au contraire, on vit cette nomination d'un mauvais œil. A la demande de la communauté, le duc Amédée VIII envoya à Rome P. de Menthon, bailli du Genevois, et Nicod Festi pour obtenir une compensation pour Guy d'Alby et la promesse que le droit d'élection épiscopale serait pour l'avenir reconnu au Chapitre. Martin V, se montrant favorable à ces demandes, promit de ne pas user du droit de réserve à la première vacance (23 mars 1424) et par une autre bulle du même jour il nomma Guy prévôt en lui assignant une pension de 700 florins d'or à prendre sur les revenus du sceau épiscopal et une autre de 500 florins à prendre sur les revenus du prieuré de Saint-Victor dont J. de Brogny était titulaire (1).

Toutes les difficultés se trouvant ainsi aplanies, Jean de Brogny écrivit aux syndics cette nouvelle lettre où débordent l'affection et le patriotisme du vieillard :

« Honorables et chers amis, leur dit-il,

(1) Voir ces bulles dans M. D. G. II, p. 205-213.

nous vous avons déjà écrit que le Pape avait annulé l'élection et la postulation destinées à pourvoir à la vacance de votre église (et elles étaient nulles en effet)... Il a jugé convenable de nous transférer de l'église d'Arles à celle de Genève, quoique celle-ci soit beaucoup moins considérable... Nous avons consenti à cette translation, parce que nous sommes originaire du diocèse et que nous voulons nous retirer au lieu que nous avons choisi dans la vie et dans la mort..... Nous ne pensons pas que notre présence dans une ville et dans une église que nous aimons de tout notre cœur, puisse leur être nuisible ; et nous croyons qu'il vaut mieux que ce soit nous qui soyons chargé de sa conduite que si elle était échue à quelque étranger..... » Il leur annonce ensuite l'envoi de son familier, le prieur de Lémenc, qui accompagne les envoyés ducaux (1).

Celui-ci étant arrivé, prêta serment le 16 avril.

(1) Voir ces documents dans M. D. G., II.

Peu de temps après, le généreux cardinal voulut doter Genève d'une Université semblable à celle de Turin. Mais les Genevois, ne pouvant souffrir que les ducs de Savoie fussent nommés conservateurs des privilèges de la future Université et craignant ou feignant de craindre les vexations des étudiants, refusèrent cette offre.

Contrarié dans son désir, J. de Brogny ne revit jamais le pays natal, il reporta sa générosité sur un collège qu'il fonda dans Avignon, puis, sentant sa fin approcher, il se hâta de multiplier ses bonnes œuvres.

Il mourut à Rome dans la 84e année de son âge, le 15 février 1426. Son corps fut apporté deux ans plus tard à Genève, et fut inhumé dans la belle chapelle de Notre-Dame ou des Machabées, qu'il avait fait construire au commencement du siècle à côté de l'église de Saint-Pierre (1).

Comblé d'honneurs et de richesses, occupant la première dignité de la cour pontificale, honoré des papes, des empereurs et

(1) Voir sur cette chapelle la note n° 3.

des rois qu'il recevait parfois à sa table, Jean de Brogny n'oublia jamais ni les lois de la mortification chrétienne, ni les pauvres, ni son pays natal. Pendant toute sa vie, il fut dur à lui-même et il n'y voulut rien changer dans son extrême vieillesse. La veille de sa mort, qui était le jour des Cendres, il voulut encore jeûner ; et comme son médecin cherchait à l'en dissuader, il répondit : « J'aime mieux mourir que de violer la loi divine... »

Les pauvres étaient ses amis de prédilection : il en nourrissait tous les jours trente à sa table ; et dans un de ses codicilles il veut que ses héritiers observent cette coutume durant l'année entière qui suivra son décès et en habillent un nombre égal. — Au dehors, il sustentait les veuves, dotait les jeunes filles, soutenait de ses aumônes les prélats tombés dans la pauvreté et les couvents de l'un et de l'autre sexe (1). — En un mot, il était plein de pitié, de

(1) Les Dominicains de Genève avaient reçu de Jean Fraczon une cloche qui a servi depuis à l'hôtel de la Monnaie. On y lit l'inscription suivante : *Reverend. Dnus.*

miséricorde et de bonté pour tous les indigents. (Oraison funèbre.)

Revenant du Concile de Constance (1418), il rassembla dans sa maison de Brogny tous les vieillards de sa connaissance, voulut dîner avec eux et leur fit à chacun des largesses.

Quatre ans plus tard, par acte passé à Rome (2 mars 1422), il fondait un couvent de Dominicains à Annecy (1).

Le 12 août de la même année, il dictait son testament. Après avoir fait divers legs à la collégiale d'Annecy, aux religieux du Saint-Sépulcre, aux religieuses de Sainte-Catherine, aux chanoines de Genève, etc., sans oublier ses domestiques, il lègue le capital de 900 florins d'or, qui serviront à doter de pauvres filles du Genevois ; une certaine somme à toutes les veuves et à toutes les filles d'Annecy-le-Vieux qui prouveront être ses parentes ; il ordonne de plus

Joh. de Brogniaco ep. Ost. et S. Romanæ eccle. cardin. et vicecancell. me fieri fecit, anno MCCCCV die XX mens. decemb. Ave Maria.

(1) Voir l'acte de fondation dans Besson, pr. n° 95.

qu'on prélève 200 marcs sur sa vaisselle ordinaire pour en faire des calices pour les églises pauvres des diocèses de Genève et de Lausanne et partage le reste de son hoirie entre les Machabées de Genève et les Dominicains d'Annecy (1).

Par un codicille du 24 juin 1424, fait à Tivoli (Tibur), il fonde dans son palais d'Avignon le collège de *Saint-Nicolas,* où l'on devait entretenir *gratis* vingt-quatre étudiants pauvres, dont huit du diocèse de Genève et préférablement du mandement d'Annecy, huit des autres provinces de la Savoie et huit des diocèses d'Arles et de Vienne ; de plus, il lui lègue sa magnifique bibliothèque, qui comptait neuf cents manuscrits (2).

Enfin, non content d'avoir embelli l'église Notre-Dame d'Annecy-le-Vieux, d'y avoir fondé une chapelle en l'honneur de saint Paul (Arch. épiscopales, mai 1469), de lui

(1) Besson, pr. nº 96.

(2) M. Acad. Chabl., II, 76. Ce Collège, à travers mille vicissitudes, a duré jusqu'à la Révolution française. — Voir Grillet, I, 176.

avoir donné une cloche, il ordonna à ses héritiers de l'agrandir et d'établir à côté de cette église ou dans sa maison paternelle un couvent de Célestins. (Codicille du 24 septembre 1425.)

Cet établissement toutefois ne se réalisa point : au lieu d'agrandir l'église existante, les héritiers en commencèrent une neuve que l'on dédia à saint Laurent. (Grillet.)

Le généreux cardinal avait aussi doté la maladière du pont de Brogny d'une chapelle en l'honneur de sainte Madeleine (Arch. ép.) (1).

Jean de Brogny emporta dans sa tombe les regrets du Pape et de tous les membres de la cour de Rome, dont il était une des

(1) On a dit et répété qu'il en avait fondé une autre dans son hameau natal; nous n'en avons trouvé trace nulle part. Il y avait bien au Petit-Brogny, au-dessus du village, une chapelle dédiée à sainte Anne et aux saints Claude et Nicolas, mais elle fut fondée deux siècles après la mort du cardinal par Claude-Nicolas Arpaud, juge-mage du Genevois, et noble Annable de Mandolle, son épouse, à côté de leur maison, possédée aujourd'hui par M. Fournier-Baron, et sur la tombe de leurs parents morts de la peste. Elle avait été, à leur demande, unie au couvent des Dominicains d'Annecy (25 février 1631), qui la desservaient.

gloires. Aujourd'hui encore, sa mémoire est toujours vivante et la Savoie est fière d'avoir donné le jour à ce cardinal qui sut être chaste au milieu d'un siècle corrompu, humble au faîte des grandeurs, pauvre et mortifié au sein de l'opulence (1).

---

(1) Jean de Brogny fut administrateur de près de quarante bénéfices, évêchés, abbayes ou prieurés, savoir : outre ceux déjà nommés, Savigny, Saint-Victor, etc., etc. Ce oumul fort en usage alors, fut pour lui la source d'une fortune énorme dont il fit d'ailleurs, nous l'avons vu, le plus noble emploi. Bien des fois il vint en aide aux Souverains-Pontifes et à l'Eglise. — Ainsi, il prêta aux Papes Clément VII et Benoît XIII de grosses sommes pour recouvrer le pont de Sorgues; à Louis II, roi de Naples, 27.000 ducats d'or, en 1411, pour lui aider à chasser Ladislas, son compétiteur, de la ville de Rome dont il s'était emparé; et de nouvelles sommes pour continuer la lutte ou pour soumettre la ville de Bologne révoltée contre le Saint-Siège. Il fut même caution de 4.000 florins qu'il dut payer pour ce prince.

Nous avons dit que les mœurs du cardinal furent toujours pures. Il s'est pourtant trouvé un auteur dramatique, Eugène Scribe, qui, dans son opéra *La Juive*, a eu l'impudence de lui prêter des mœurs légères. Honte à ces écrivains qui ne savent intéresser le public sans outrager la pudeur et la vérité.

On peut consulter sur le cardinal de Brogny : son *Oraison funèbre,* par F. Blanchi de Vellate, que nous reproduisons plus loin (doc. n° 2) ; l'*Italia Sacra d'Ughello*, I, 75; les *Mémoires de Besson ;* le Dictionnaire de Grillet, art. *Brogny ;* Senebier, *Histoire littér. de Genève,* I, p. 110; sa Vie, par M. l'abbé Soulavie, Paris, 1774 (fort rare) ; l'*Histoire du diocèse de Genève* de M. l'abbé Fleury, I, 157, et la *Notice historique* de M. l'abbé Croset-Mouchet, chanoine de Pignerol ; Turin, 112 pages in-8°, 1847. Ce dernier a malheureusement mêlé son travail de plusieurs fables et composé de toutes pièces une prétendue épitaphe qui aurait existé sur la tombe du cardinal.

On conserve son portrait dans la sacristie de l'église Saint-Maurice d'Annecy (autrefois Saint-Dominique), au Séminaire et au Musée.

Le cardinal de Brogny composa plusieurs ouvrages dont les manuscrits furent déposés dans la bibliothèque du Collège d'Avignon.

DOCUMENTS

I

La parenté du cardinal.

Le cardinal de Brogny, d'après ces paroles de son Oraison funèbre : *fratres, socios, patriam... relinquens*, avait des frères dont nous ne savons ni le nom ni le nombre, et trois sœurs.

L'une d'elles épousa un noble de Trembleys. De ce mariage naquit une fille, nommée Pernette, qui épousa en premières noces Argencus ou Arziancus Alberti de Thoire (Thoro), au diocèse de Cavaillon (Caball.), en deuxièmes noces un seigneur de Rochefort et en troisièmes noces noble Jean de Pontverre, chevalier (1). A chaque mariage ce fut le cardinal qui avança la dot. Il lui prêta en outre diverses sommes ; mais, dans son testament, il la charge de consacrer à réparer les églises de Notre-Dame d'Avignon et de Sainte-Marthe de Tarascon les 6,500 florins qu'elle avait reçus lors de ses deux premiers mariages et de remettre au collège Saint-Nicolas d'Avignon les sommes qu'il lui avait prêtées en diverses fois. Celle-ci, pressée d'exécuter cette dernière clause, obtint, le 28 février 1435, que François de Mez lui fit prêter 500 florins.

Une autre a dû épouser un noble N. de Tessy, du hameau de ce nom, qui est à demi-lieue de Brogny, sur la rive droite du Fier, et fut mère d'un enfant nommé Hugues (Hugo de Theyssiaco ou Theisiaco), qui embrassa la carrière ecclésiatique, suivit son oncle en France, fut nommé par Jean XXIII évêque de Vaison et administrateur de Saint-Paul-Trois-Châteaux (1411), et mourut en 1445 non loin de Vaison,

(1) 1413, 12 mai. Jean de Pontverre teste en faveur des enfants qui lui pourraient naître de Pernette de Trembleys, sa très chère épouse, leur substituant son frère François de Pontverre. (Arch. cure d'Epagny.)

dans le château du Crest, où il fut inhumé. (Gallia Christiana.)

La troisième épousa un noble de Mez, habitant le village de Mez, à deux pas de Tessy (2). De leur union naquirent entre autres enfants : deux garçons et une fille.

Nobles de Mez, autrement appelés Eymion. — L'un d'eux, nommé François, se voua au service des autels. Il fut successivement moine de Talloires, abbé de Saint-Claude dans le Jura, évêque de Genève après la mort de son oncle (1426-1444) et cardinal du titre de Saint-Marcel (1440). François de Mez fut le digne héritier des vertus de son oncle. Après avoir sagement administré son diocèse, il mourut en laissant son hoirie à la chapelle des Machabées et aux pauvres du Christ.

L'aîné continua la famille. C'est très probablement de lui que descendent les frères nobles

(2) On remarquera que les sœurs du cardinal étaient probablement toutes les trois mariées avant son élévation à l'épiscopat. En effet, en 1411, l'un de ses neveux, Hugues de Tessy, était évêque et administrateur d'évêché ; l'une de ses nièces, Pernette de Trembleys, en était à son troisième mari, Jean de Pontverre, qui a testé en faveur des enfants qui lui pourraient naître d'elle, le 12 mai 1413, enfin, peu après, un autre de ses neveux est abbé de St-Claude.

Claude, Humbert, etc., de Mee qui, en 1469, étaient, conjointement avec les Ranguis, patrons de la chapelle fondée par le cardinal dans l'église d'Annecy-le-Vieux ;

Messire Pierre de Mee, recteur de l'hôpital d'Hauteville, qu'il résigne le 20 mars 1471 ;

François de Me, dont un fils, George, reçut la tonsure le 21 décembre 1476 ;

Enfin, Jean de Me, mort en 1472, recteur de la chapelle Saint-Antoine à Versonnex.

La fille épousa noble Berthier Humbert, du village de Mez.

Nobles Humbert. — De cette union naquirent :

François Humbert, qui reçut, en 1414, de l'hoirie de François de Mez, pour marier ses deux filles, la somme de 450 florins, que la mort avait empêché le cardinal de lui léguer (Galiffe, *Matériaux)* ;

Hugues, chanoine de Genève, qui reçut 300 florins, et mourut le 22 septembre 1451 après avoir fondé son anniversaire (Obituaire du chapitre) ;

Jeannette, dont nous parlerons plus loin ;

Jacquemette, alliée à N^e^ Rolet d'Alonzier,

Et Pierre Humbert qui, de son mariage avec noble Henriette de Pellier, ne laissa, paraît-il, qu'une fille, Françoise, dont le parrain fut le chanoine Pierre Presbiteri.

Le 13 juin 1443, par acte passé à Bâle, François de Mez, évêque de Genève, considérant les services et les hommages gratuits qu'il a reçus et qu'il espère recevoir de son cher neveu, noble Pierre Humbert, lui donne une maison acquise de ses deniers, sise à Genève, jouxte la porte d'Yvoire et la rue qui tend de cette porte au couvent des Frères-Mineurs de Rive.

Mais le neveu ne jouit pas longtemps de cette maison. Le 28 octobre de l'année suivante, se trouvant gravement malade au château de Peney, il dicta son testament au notaire Rodolphe Sapientis, qui avait déjà reçu la donation précédente.

Pierre Humbert veut être enterré dans la chapelle de la Vierge contiguë à l'église de Genève, de la fondation du cardinal d'Ostie et lègue à cette chapelle la maison allodiale que lui a donnée ci-devant son oncle, à la charge pour les chapelains de célébrer tous les jours une messe basse pour l'âme du donateur et celle de son oncle François. Il abandonne à ses frères et sœurs sa part des biens paternels et maternels. Il donne à noble Henriette de Pellier, son épouse, la grange ou maison qu'il possède hors la porte des Frères-Mineurs, avec le verger attigu, et la nomme tutrice de leur fille Françoise pendant son veuvage et administratrice de tous ses biens. Il fait à son père, Berthier Humbert, donation d'une part de son héritage que l'évêque déterminera. Enfin, il institue héritière [illegible]niverselle Françoise, sa fille ; s'il naît un posthu[illegible] [illegible]se partageront l'hoirie et les dettes.

S'ils [illegible] san[illegible]nts, il leur substitue pour les biens qu'il p[illegible] dans la paroisse de Burdignin (Bourdigny [illegible] pays de Gex) nobles François et Jeannette Humbert, ses frère et sœur et leurs enfants, et, pour sa maison et biens acquis de Russins, il leur substitue noble Jacquemette, sa sœur, femme de noble Rolet d'Allonzier, et ses enfants. R[d] François de Mez, évêque, son oncle, et Pierre Presbiteri, chanoine, sont nommés exécuteurs testamentaires.

Nobles d'Allonzier. — Jacquemette Humbert eut, en dehors de sa dot et de la substitution précédente, une somme de 262 florins d'or qui lui furent livrés par les exécuteurs testamentaires de l'évêque François de Mez. (Besson, p. 48).

Rolet d'Allonzier, son mari, est le seul membre de cette famille que les généalogistes aient mentionné jusqu'ici. Nous allons en faire connaître d'autres : D'abord un A(ymon) d'Allonzier notaire en 1383 et les trois suivants que nous croyons fils de Rolet, savoir Aymon, Claude et Guillaume.

N[e] Guillaume d'Allonzier, par acte du 22 janvier 1473, Raymond de Marosiis notaire, dota la chapelle de Saint-Antoine qu'il venait de fonder dans l'église d'Allonzier. Il donna à cet effet le capital de 400 florins et noble dame Dallier, son épouse, y ajouta la somme de cent florins. (Visite de 1665.)

V[ble] Claude d'Allonzier, déjà curé de la Balme en 1463, résigne cette cure le 1er mai 1467. Nous le voyons plus tard nommé recteur de la chapelle de Saint-Antoine d'Allonzier (22 octobre 1473), de la chapelle Saint-Blaise en l'église de la Madeleine à Genève (22 octobre 1480) et de la chapelle des SS. Fabien, Sébastien et Blaise en l'église de Menthonnex-en-Bornes (10 octobre 1486). Un Claude d'Allonzier, le même, je pense, était professeur de droit et membre du chapitre des Machabées (1480-1483).

Messire Aymon d'Allonzier était en 1469 recteur de la chapelle de Saint-Paul à Annecy-le-Vieux et curé d'Alby. Par acte du 17 mai de la même année, il échangea ces deux bénéfices contre la cure d'Epagny. Nous voyons, l'année précédente, un noble et égrége Aymon d'Allonzier, bachelier en droit et grand chantre de l'église de Saint-Paul-Trois-Châteaux, échanger une chapellenie en l'église de la ville d'Arles. C'est évidemment le même et c'est sans doute à sa suite que la famille d'Allonzier alla s'établir dans le comtat Venaissin où son nom subsiste encore (1).

Mentionnons enfin noble Philibert d'Allonzier, fils naturel de Guillaume peut-être *(natus ex conjugato et solutâ)* légitimé le 29 mai 1480 pour qu'il pût entrer dans la cléricature.

(1) En 1475, noble Guillaume Fabri et révérend Claude Fabri, son frère, fils de feu noble Rolet Fabri d'Allonzier, passent reconnaissance en faveur de noble Petremand de Lornay (Archives de la Société Florimontane). Seraient-ce les mêmes que ci-dessus et Fabri ne serait-il pas le nom patronymique de la famille d'Allonzier? — Nous laissons à d'autres le soin de résoudre ce problème.

En identifiant les d'Allonzier et les Fabri d'Allonzier, dans une note publiée par l'*Union savoisienne* le 4 mars 1888, nous avions fait une simple hypothèse. — M. Jules de Rippert d'Allouzier, après en avoir pris connaissance, a bien voulu nous écrire que nous avions deviné juste, et il nous a envoyé, à l'appui de son affirmation, un tableau généalogique dont nous donnons ici le résumé :

Jacquet FABRI d'Allonzier.

Rolet FABRI, seigneur de la maison forte d'Allonzier, qu'il tenait en fief de Pierre de Compeys, seigneur de Vulpillières (1358).

GUILLAUME, épouse Madeleine de Saint-Sixt.

AIMON, rect. du collège d'Avignon en 1460, chanoine de Vaison (1461), teste en 1472.	GUILLAUME II, ép. Marie du Crest de Cruseille, et teste à Bollène en 1494, laissant un legs à la chap. St-Antoine d'Allonzier.	CLAUDE, chanoine de Genève.

ÉMERIC, seig[r] d'Allonzier, vit à Bollène (1493-1502)	CLAUDE, doyen de Roquemaure, grand-vicaire de St-Paul-Trois-Châteaux.

PIERRE

CLAUDE (1560), fut père de deux enfants morts sans postérité, et de Madeleine d'Allouzier, mariée le 20 avril 1597 à Paul de Rippert, gentilhomme du duc d'Orléans. — C'est d'eux que descendent MM. Ludovic de Rippert d'Allouzier, habitant à Bollène (Vaucluse), et les frères Louis, Gustave et Jules de Rippert, allié de Maillardoz, et domicilié à Lyon.

Armes des d'Alouzier : d'azur à la croix de Lorraine, de gueules et à la bordure d'or.

II

Oraison funèbre du Cardinal de Brogny, prononcée à Rome à sa sépulture par F. Blanchi de Vellate, secrétaire apostolique.

. . . . . Hic Antistes in tenerâ ætate constitutus, ... postpositis ac post tergatis omnium voluptatum illecebris, quibus juvenes ipsi sæpe numero allici et detineri consueverunt, honestissimos parentes relinquens, fratres, socios, patriam denique jocundissimam, Gebennensem dico, relinquens, se ad bonarum artium studia Avenionem contulit; ibi non laboribus, non vigiliis, non calori et frigoribus parcens, tantâ cura, studio et diligentiâ dies et noctes elaborando, in id juris civilis studium incubuit, ut brevi in tempore magnâ omnium cum admiratione omnem illius scientiæ cognitionem assecutus, in eâ coronæ præmio meruit insigniri.

Post aliquod vero temporis spatium, cum in Romano oppido opulentissimo, pro Archiepiscopo Viennen. officium vicariatûs rectissime et honestissime exerceret, felicis recordationis Clemens septimus, audito ipsius virtutum et scientiæ nomine eumdem in magistrum et præceptorem nepotis sui constituit; eodemque postmodum in Cardinalem Salutiarum nuncupatum, creato, ipsum Ecclesiæ Vivariensi in Episcopum præfecit, ac in ejus cubicularium assumpsit. Deinde ad majus laborum et vigiliarum suarum prœmium, non absque magnâ ejus laude et gloriâ, eumdem nepoti adæquans in Cardinalem scilicet sub titulo Sanctæ Anastasiæ creavit, officio majoris pœnitentiariæ sibi assignato, eoque pluribus annis optime et sancte recto, tandem suis exigentibus meritis, et præteriti regiminis famâ, Vicecancellarius designatus fuit.

In hac autem dignitate post trigesimum suæ ætatis annum diem ultimum finivit. Hæc equidem officia cum tantâ maturitate, prudentiâ, et in gerendis rebus industriâ, et in conficiendis eisdem celeritate, tantâque cum gravitate et justitiâ, tantâ denique cum laude et omnium amore et benevolentiâ rexit et feliciter gubernavit, ut ejus nominis fama non solum apud nos, sed etiam successores perpetua et immortalis futura sit. . . . . . O felicem! ô beatissimum hominem qui per tot honorum gradus, hac in curiâ ascendens, cum tantâ omnium gratiâ, quartum et octuagesimum suæ ætatis annum complevit. . . . . . Ipse autem solâ sui prudentiâ, virtute et sapientiâ, ad hunc amplissimum statum in quo paucis ante diebus vidimus, perductus est. . . . . .

Hic enim postquam ad Cardinalatûs dignitatem merito assumptus fuit, ut et præsentes vidimus et retro actis temporibus communi relatione manifestum est, amplam semper et numerosam familiam tenuit, nobilissimam quidem, et honestissimam, ac omnibus jocundissimam. Hic velut religionis et omnium ceremoniarum verus cultor, ejus capellam cum venerabilibus et religiosis Sacerdotibus, cum multis et ditissimis paramentis, ac cæteris Ecclesiasticis ornamentis amplissimam et honestissimam. Hic equos et mulas quam plures ad dignitatis suæ ornatum, cæteraque animalia ad usum domûs necessaria et opportuna semper habuit. Hic pro ejus honore et reverentiâ imprimis sedis Apostolicæ omnem avaritiam abhorrens, Imperatorum, Regum omnium, Ducum, Baronum, et Prælatorum quorumcumque Ambasiatoribus amplissima semper et sumptuosissima convivia fecit. Eisdem pro conficiendis eorumdem negotiis, omne ejus consilium, auxilium et favorem, cum summa caritate, fidelitate præstitit.

Hic postremo ut pius et misericors, ut clemens et benignus, quantos in nutriendis et refocillandis Christi pauperibus, (singulis enim diebus triginta numero prandium dedit) sumptus fecerit, nemo est qui ignoret, et eosdem Christi pauperes in testes invoco. Quantas vero in occultum eleemosinas pro maritandis virginibus, pro sustentandis pauperibus, viduis, pro necessitatibus pauperum Prælatorum, omniumque Conventuum et virorum et mulierum, ut communis omnium est fama, erogaverit, neque verbis neque calamo satis explicare possem. . . . . . accedo ad ejus mirifica et sanctissima opera, quæ cum sint gloriosissima, et in oculis hominum posita, silentio non prætereunda fore existimavi : in urbe primum unam ubi ejus corpus in Basilica sancti Petri tumulatum est, reparavit et multis ornamentis decoravit; aliam prope Gebennas cum duodecim Præsbyteris, tertiam vero capellas in Ecclesia Fratrum Cœlestinorum in civitate

Avenionensi sumptuosissime construxit, et amplissime dotavit, in quibus, singulis diebus magnâ cum devotione et reverentiâ plures missæ dicuntur, divinus cultus colitur, et cætera officia horis debitis celebrantur. Dein in oppido Anissiaci Gebenn. Diœces. pro usu et habitatione Fratrum Prædicatorum amplissimum et ornatissimum Monasterium in quo magnus ad præsens Fratrum numerus residet. In Avenione vero quod non mediocri laude et commendatione dignum est, Collegium celeberrimum, libris et cæteris rebus ad studium necessariis, pro habitatione et sustentatione numero viginti quatuor scholarium piissime fundavit et mirifice construxit. In diversis præterea et pluribus Monasteriis pro suæ suorumque animarum salute, ac in Cathedralibus Ecclesiis perpetua anniversaria statuit, et ordinavit. . . . . .

Missam omni die audivit, eamque quater in hebdomadâ et singulis diebus Dominicis et Festivis solemnius celebravit. Horas canonicas nunquam neglexit. Post ejus ad Cardinalatum assumptionem, nunquam pannis lineis vigilando aut dormiendo usus est. . . . . . Quod tandem in hoc Patre optimo memoriâ dignissimum est, non silebo : cum enim, ut ab ejus phisico Thadeo, viro et integerrimo et doctissimo certior factus sum, prima Quadragesimæ et ante penultimam hujus vitæ diem, ipse hujus Patris, ejusque Domini et Magistri ætatem decrepitam; vitamque quadragesimalem suæ dispositioni nocivam fore considerans, eumdem multis naturalibus rationibus ad esum carnium aliquibus saltem diebus, adhortaretur; hocque multorum exemplis persuaderet. Is majori religionis et præcepti Dei, ac honestatis cujusdam et obedientiæ, quam vitæ et conservandæ sanitatis, ratione præhabitâ, tandem respondit prius malle ejus oculos morte claudi, quam legem et Dei præceptum non servare. . . . . .

Quantum vero Dei Ecclesia perdiderit, quanto emolumento, honore et adjumento privata et orbata sit, vosmet judicate qui et hoc melius intelligitis, et qui in omni ope pro ejusdem Ecclesiæ defensione sibi consocii semper fuistis. Nam cum his superioribus annis per Baldessarem Joannem Papam vigesimum tertium nuncupatum, ac totius orbis Prælatos pro unione sanctæ Ecclesiæ in Constantiâ, generale consilium statutum et ordinatum fuisset; Is anhelans ad eamdem unionem licet decrepitus, licet senio confractus, nullâ suæ salutis, nullâ asperitatis alpium, nullâ nivium et viarum periculorum ratione habitâ, se ipsum cum magnâ et honestâ familiâ e primis intrepide illuc contulit. Ibi magnis cum sumptibus et expensis, magnoque cum statu et apparatu usque ad finem moram traxit. Ibi dies et noctes modo apud Serenissimum Sigismundum Imperatorem, Duces, Comites, modo apud ejus confratres et cæteros Prælatos, hanc sanctissimam unionem omni studio, omni operâ, omnique sollicitudine et diligentiâ pertractans elaboravit. Postremo eâ, ut summe optabat, Altissimi gratiâ, subsecutâ, assumptoque, non humanâ sed divinâ potiùs Providentiâ, ... Martino Papâ quinto. . . .

Is Antistes Cardinalis. . . . . . confessus et corde contritus, corpore dominico et omnibus sacris mysteriis devotissime receptis; rem familiarem et ejus bona pie et prudentissime disponens, creatori suo ejus spiritum commendavit, et ab his vinculis et corporis custodiâ absolutus, diem suum anno Domini millesimo quadringentesimo vigesimo sexto, decimo quinto Calendas martias clausit extremum. . . . . .

III

La Chapelle des Machabées.

Cette chapelle, construite, en 1406, sur le plan des Saintes-Chapelles dont Louis IX fit ériger le premier modèle à Paris, est, nous dit Blavignac, un des plus beaux monuments de l'art chrétien à la fin du XIVe siècle. Malgré les déplorables mutilations qu'elle a subies, on y remarque encore les sculptures de la façade occidentale et les peintures de la voûte du chœur, où sur un ciel d'azur semé d'étoiles d'or, se détachent des figures d'anges de grandeur naturelle, jouant de divers instruments de musique et qui sont aussi belles au point de vue du dessin qu'à celui de la couleur.

Elle fut érigée sous le vocable de la sainte Vierge et, peut-être aussi, des sept frères

Machabées (1). Le cardinal en confia la desserte à douze prêtres en souvenir des douze membres du collège apostolique. Ils étaient soumis à un archiprêtre qui prit le nom d'archiprêtre des Machabées. Chaque jour, en dehors des fêtes de la Vierge, ils devaient au lever du soleil, chanter un office solennel en l'honneur des cinq plaies de Notre-Seigneur et dire deux messes basses (2). Plus tard, six serviteurs ou *altariens* et six enfants de chœur, surnommés les *inno-*

(1) Les sept frères Machabées sont inhumés à Rome dans la basilique eudoxienne de Saint-Pierre *in Vincoli* où récemment (1876) on a découvert leurs tombeaux, et leur fête se célèbre le même jour que celle de Saint-Pierre-ès-Liens (1er août) patron de la cathédrale de Genève. On comprend dès lors pourquoi le nom et le culte des frères Machabées furent associés par la volonté du cardinal de Brogny, au culte de la sainte Vierge dans cette chapelle qu'il construisit à Genève, à côté de l'église de Saint-Pierre-ès-liens. Peut-être aussi conservait-on dans cette chapelle quelque relique insigne de ces martyrs.

(2) Cet établissement fut confirmé par Benoît XIII en décembre 1406. Jean XXIII lui unit provisoirement le décanat de Ceyserieu et lui assigna une pension de deux cents ducats d'or à percevoir sur les prieurés de Talloires et de Saint-Jorioz que J. de Brogny possédait à titre de commende. Voir pour de plus amples détails les *Mémoires* de Besson ou les *Souvenirs d'Annecy* de M. le chanoine Mercier.

cents, dirigés par un maître de chant, furent encore attachés au service de la chapelle. — En 1535, le chapitre des Machabées se transporta dans la ville d'Annecy où il continua son service jusqu'à la Révolution.

Devenue successivement grenier à blé, poudrière, dépôt de salpêtre, école, magasin à blé, salle d'architecture, cette chapelle a failli être démolie en 1830; mais les édiles genevois modernes, mieux inspirés que leurs devanciers, viennent de la réparer à grands frais, sur les plans de M. Viollet-le-Duc.

Le corps de J. de Brogny, après être resté plus de deux ans en dépôt dans sa chapelle de Saint-Martin, au Vatican, fut rapporté à Genève et inhumé le 23 novembre 1428, dans la chapelle des Machabées où le fondateur avait lui-même fait exécuter son tombeau, dès l'an 1414, par le célèbre flamand Jean Prindall. La Réforme ne sut pas respecter ce mausolée. L'épitaphe même de notre prélat n'a pas été conservée. Bonivard, qui l'avait lue, dit que, par humilité, il n'y avait pris d'autre titre que celui d'évêque.

Ses armes par contre y sont répétées plusieurs fois tant en sculpture qu'en peinture.

TABLE DES MATIÈRES

DOCUMENTS

Annecy — Imp. J. Niérat, rue Royale, 7.

85

www.ingramcontent.com/pod-product-compliance
Ingram Content Group UK Ltd.
Pitfield, Milton Keynes, MK11 3LW, UK
UKHW021652260726
13994UKWH00003B/1429